Find me
on
every page...

This book belongs to:

_____

ISBN: 978-1-917010-97-9 (Paperback)

Front cover image and graphic design by Simmone Bundy

Cornish Dictionary: Gerlyver Kernewek

First Edition (2024) printed in the United Kingdom

To purchase this book and other Cornish books by the
same author:

www.kernowbooks.co.uk

Dedicated to Olivia and Jacob Davies

Twas the night before
Christmas,
when all through the house
Not a creature was stirring, not
even a mouse;
The stockings were hung by the
chimney with care,
In hopes that St. Nicholas soon
would be there;

An Noswyth Kens Nadelek,
Termyn pob dres an chi
Na a Kreatur kaboli, na kompes
logojen;

An hosanow krogow erbynn an
chymbla gans rach,
Yn govenegow an Sen Nicholas
skon bos ena;

The children were nestled all
snug in their beds;
While visions of sugar-plums
danced in their heads;
And mamma in her 'kerchief, and
I in my cap,
Had just settled our brains for a
long winter's nap,

An fleghes gow pob klys
yn aga gweliow;
Pols gwelyow ahanav
shogra-ploumen donsya yn
aga pennow;

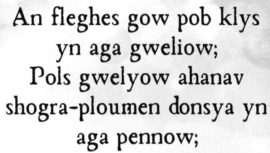

Ha Mammik yn hy
kwethyn, hag ma yn ow
kappa,
Kepar trigys agan
ympydnyon dhe a hir gwav
gogosk,

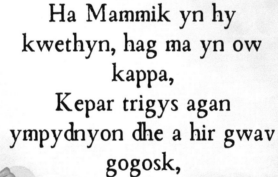

When out on the lawn there
arose such a clatter,
I sprang from my bed to see
what was the matter.
Away to the window I flew like
a flash,
Tore open the shutters and threw
up the sash.

Pan mes war an glesin ena
pana unn drylsi,
Ma omsevel ahanav ow gweli
dhe gweles pan an mater.

Dhe-ves dhe an fenester ma neyja
avel unn lughesen,
Distowgh ygeri an askellek ha
tewlel war-vann an gregys.

The moon on the breast of the
new-fallen snow,
Gave a lustre of midday to
objects below,
When what to my wondering
eyes did appear,
But a miniature sleigh and eight
tiny reindeer,

An loor war an bronn ahanav an
nowedh-omhweles ergh,

Unn golowi a hanter-dydh dhe
medrasow a-woles,

Termyn pan dhe ma aneth
lagasow gwyrs apperya,

Lemen unn munysen
draylell hag eth munys
karow ergh,

With a little old driver so lively
and quick,
I knew in a moment he must be
St. Nick.
More rapid than eagles his
coursers they came,
And he whistled, and shouted,
and called them by name:

Gans unn boghes hen lewyer mar bewek
ha buan,
Ma knewyow yn unn tecken ev res bos
Sen Nick.

Moy uskis vel eres y hyns i omna,
Ha y hwiban, ha garmow, ha galwen aga
gans henwyn:

"Now, Dasher! now, Dancer!
now Prancer and Vixen!
On, Comet! on, Cupid! on,
Donner and Blitzen!
To the top of the porch! to the
top of the wall!
Now dash away! dash away! dash
away all!"

"Nans, Dasher! Nans, Donsyer! Nan Pransyer
hag lostek!
War, Steren Lostek! War, Cupid! War,
Donner ha Blitzen!

Dhe an penn an portal! Dhe an penn an fos!
Lemmyn feski dhe-ves! Feski dhe-ves! Feski
dhe-ves oll!"

Woooo hooooo!

As leaves that before the wild
hurricane fly,
When they meet with an
obstacle, mount to the sky;
So up to the housetop the
coursers they flew
With the sleigh full of toys, and
St. Nicholas too.

Avel
kumyasow
henn dherag an
goodh hager
awel neyja,
Termyn i
metya gans lett,
steda dhe an
ebroyn;
Mar war-
vann dhe an
minto an
karow i neyja
Gans an
draylell leun
a gwariellow,
ha
Sen.Nicholas
keffrys.

And then, in a twinkling, I heard
on the roof
the prancing and pawing of each
little hoof.
As I drew in my head, and was
turning around,
down the chimney St. Nicholas
came with a bound.

Ha ena, yn unn terlentri, Ma
klewes a war an plansys,
An donsya ha pawyow a kettep
boghes karnow.

Avel ma omwaya yn ma penn, ha
omdreylya,
Dhe'n dor an chymbla Sen Nicholas
dos gans unn stout.

He was dressed all in fur, from
his head to his foot,
And his clothes were all tarnished
with ashes and soot;
A bundle of toys he had flung
on his back,
And he looked like a pedler just
opening his pack.
His eyes—how they twinkled!
His dimples, how merry!

Ev bos gwiskys yn pylla, ahanas y penn dhe y troos,
Ha y gwisk oll nemmys gans lusu ha mostedhes;
Unn grodnow a gwariellow ev deghesi war y keyn,

Ha ev mir avel unn gwikor ewn bolgh y fardella.
Y lagas- fatel anjel terlentri! Y minhwarth, fatel
meri!

His cheeks were like roses, his
nose like a cherry!
His droll little mouth was drawn
up like a bow,
And the beard on his chin was as
white as the snow;
The stump of a pipe he held tight
in his teeth,
And the smoke, it encircled his
head like a wreath;

Y boghow avel rosen, y tron avel unn keresen! Y didhan
boghes ganow stumm yn-bann avel unn gwarak,
Ha an barv war y elgeth avel gwynn avel an ergh;

An berr a unn pib ev synsys strooth yn y dens,
Ha an megi, a'n kylgh y penn avel unn gwarak;

He had a broad face and a little
round belly
That shook when he laughed,
like a bowl full of jelly.
He was chubby and plump, a
right jolly old elf,
And I laughed when I saw him,
in spite of myself;

Ev unn efan enep hag unn byghan kylgh torr
Na shackyans termyn ev hwarth, avel unn skudel
leun kowlesednow.

Ev blonek ha berrik, unn gwir jolif koth korr,
Hag ma hwerthin termyn ma hesken ev, yn awos
ow honen.

A wink of his eye and a twist of
his head
Soon gave me to know I had
nothing to dread;
He spoke not a word, but went
straight to his work,
And filled all the stockings; then
turned with a jerk,

Unn gwynkya a y lagas hag unn nedha a y
penn
Skon ri breus'm dhe aswon ma mann dhe
rag own;

Ev kewsel na unn ger, mes eth ewn dhe y
oberen,
Ha kollenwel oll an hosanow; nena stumm
gans unn kryghylli,

And laying his finger aside of his
nose,
And giving a nod, up the
chimney he rose;
He sprang to his sleigh, to his
team gave a whistle,
And away they all flew like the
down of a thistle.

Ha leg y bys a-denewen a y tron,
Ha ri unn penndroppya, war-vann an
chymbla ev omsevel;

Ev spryngya dhe y draylell, dhe y
bagasow ri unn hwibanans,
Ha dhe-ves anjei oll neyja avel an spik
a unn askall.

But I heard him exclaim, ere he
drove out of sight—

"Happy Christmas to all, and to
all a good night!"

Lowen

Nadelik

Mes ma klew ev
garma, omma ev drivya
yn-mes a golok-

"Nadelik Lowen dhe
oll, ha dhe oll unn nos
da!"

The End

Diwedh